So lebt

Neuseeland

*Der perfekte Reiseführer für einen unvergessli-
chen Aufenthalt in Neuseeland inkl. Insider-
Tipps, Tipps zum Geldsparen und Packliste*

Sarah Weismantel

✈ INHALT

Das erwartet Sie in diesem Buch

Der souveräne Inselstaat im südwestlichen Pazifik ist ungefähr so groß wie „Great Britain", hat aber statt 66 Millionen nur knapp vier Millionen Einwohner und ist damit sehr dünn besiedelt.

Es gibt in Neuseeland also viel Platz und Raum für Natur und weite Hügellandschaften, umgeben vom riesigen Ozean, sodass sich ein unglaubliches Gefühl von Freiheit einstellt. In Neuseeland gibt es riesige Naturschutzgebiete, weite Strände, beeindruckende Gebirge und schöne kleine Inseln. Sie können dort wandern, Städte erkunden, am Strand entspannen, surfen, im Winter Ski laufen, Bungee-Jumpen, Fallschirmspringen und noch vieles mehr. In den Regenwäldern wachsen riesige silberne Farne, noch größere uralte Bäume und exotische Blumen. Lernen Sie die Kultur der Maori mit ihren alten Bräuchen und Traditionen kennen.

Ich habe selbst ein Jahr in Neuseeland verbracht und die Zeit dort sehr genossen. Dadurch habe ich einen tiefen Einblick in die neuseeländische Kultur erhalten, viele außergewöhnliche Begegnungen gehabt und verrückte Geschichten zu erzählen, die ich gerne mit Ihnen teilen werde.

Wollten Sie schon immer einmal das weit entfernte Neuseeland mit seinen vielfältigen Landschaften und unendlichen Möglichkeiten erkunden? Dann sollten Sie genau das tun.

Hier erfahren Sie alles, was Sie für die Reise wissen müssen. Erfahren Sie, welche Orte Sie auf jeden Fall in Neuseeland besuchen sollten, wo das Essen am besten schmeckt, wie Sie am besten reisen, wo Sie übernachten können, welche außergewöhnlichen Aktivitäten Sie sich auf keinen Fall entgehen lassen sollten und was die besten Souvenirs sind. Lassen Sie sich mitnehmen auf eine abenteuerliche Reise ins ferne Neuseeland.

Land und Leute

DAS WICHTIGSTE ÜBER NEUSEELAND

Das Land besteht aus zwei großen Inseln: der Nordinsel, auf Maori „Te Ika-a-Maui" genannt, und der Südinsel namens „Te Waipounamu". Außerdem gehören noch ungefähr sechshundert kleinere Inseln zu Neuseeland.

Die größte Stadt Neuseelands ist Auckland. Ganz im Norden lebt dort ein Viertel der Gesamtbevölkerung. Auckland gilt als die „Businesshauptstadt" Neuseelands, denn mit dem großen internationalen Flughafen bildet Auckland für die Neuseeländer das Tor zur Welt. Auch Sie werden bei einer Neuseelandreise wahrscheinlich zunächst in Auckland ankommen.

Die Hauptstadt Neuseelands ist jedoch Wellington. Die „Regierungsstadt" liegt im Süden der Nordinsel. Dort leben knapp 200.000 Einwohner und es gibt zusätzlich zum Parlament eine Vielfalt an kulturellen Angeboten.

Kulturelle Vielfalt zeigt sich auch in der Bevölkerungszusammensetzung Neuseelands: 25 Prozent der Menschen, die in Neuseeland leben, wurden im Ausland geboren, 15 Prozent haben einen Maori-Hintergrund, über 12 Prozent kommen aus Asien und mehr als 7 Prozent von den Pazifischen Inseln. Hindi ist die viertmeistgesprochene Sprache in Neuseeland nach Englisch, Maori und Samoanisch. Neben Englisch und Te Reo Maori ist die neuseeländische Variante der Gebärdensprache seit 2006 eine der drei offiziellen Landessprachen.

Das nächste Nachbarland ist Australien. Allerdings sollten Sie wissen, dass zwischen den beiden Ländern eine Art brüderliche Feindschaft besteht. Die Einwohner Neuseelands und Australiens necken sich gerne gegenseitig für ihre Akzente. Und das, obwohl beide Varianten des Englischen für Außenstehende sehr ähnlich klingen, mit nur minimalen

Unterschieden in der Aussprache. Doch das würden die meisten Neuseeländer oder Australier sich wohl nicht oder nur ungern eingestehen. Sogar die Flaggen der Länder ähneln einander sehr. Beide zeigen vor einem blauen Hintergrund den „Union Jack" in der links-oberen Ecke, der die Zugehörigkeit zu den Commonwealth-Nationen symbolisiert. Daneben sehen Sie auf den Flaggen das „Southern Cross", eine Sternformation, die nachts von Neuseeland und Australien aus am Sternenhimmel zu sehen ist. Die beiden Flaggen unterscheiden sich nur dadurch, dass die Sterne auf der neuseeländischen Flagge innen rot sind statt weiß und auf der australischen Flagge noch ein weiterer großer Stern unter dem „Union Jack" prangt. Und auch auf diese Unterschiede legen die meisten Neuseeländer und Australier großen Wert, also verwechseln Sie die beiden Flaggen bloß nicht miteinander.

Mit scherzhaftem Ton, der jedoch eines wahren Kerns nicht entbehrt, hört man auch häufig von Neuseeländern, dass in Australien alle Lebewesen versuchen würden, einen umzubringen: egal ob tretende Kängurus, giftige Spinnen, gefährliche Krokodile, Haie oder tödliche Schlangen. Tatsächlich ist da etwas dran, auch wenn es von den Neuseeländern manchmal ein bisschen übertrieben wird.

Die Natur in Neuseeland ist wirklich viel friedlicher als die australische, und Sie brauchen dort keine große Angst vor gefährlichen Tieren zu haben. Die einzige gefährliche Tierart, die es in Neuseeland gibt, ist die Rote Katipo, eine giftige Spinne, die zur Gattung der Echten Witwen gehört. Sie erkennen Sie an den rot-orangen, eckigen Streifen auf dem kugeligen Hinterleib mit weiß-oranger Umrandung. Sie ist mit Beinen etwa 32 Millimeter groß. Die Rote Katipo ist jedoch sehr selten und gehört zu den aussterbenden Tierarten, daher ist die Wahrscheinlichkeit, dass Sie eine solche antreffen werden, extrem gering. Mir ist während meinem ganzen einjährigen Aufenthalt in Neuseeland keine Rote Katipo über den Weg gelaufen.

Ansonsten gibt es in Neuseeland wenige Gefahren im Tierreich, vor denen Sie sich in Acht nehmen sollten. Im Gegenzug sagen die Australier über Neuseeland, dass die Natur dort weniger aufregend sein, und es stimmt schon, dass einige Touristen extra nach Australien reisen, um sich die dort lebenden Tiere anzuschauen. Doch auch Neuseeland hat natürlich einiges zu bieten und der Vorteil ist, dass viele Aktivitäten im Gegensatz zu Australien alleine und ohne Guide unternommen werden können, da eben nicht an jeder Ecke Gefahren lauern.

Das Nationaltier Neuseelands ist der „Kiwi". Der flugunfähige, braune Vogel ist mittlerweile sehr selten in freier Wildbahn zu sehen. Kiwis werden ungefähr so groß wie ein Huhn und können bis zu 50 Jahre alt werden. Auch ich habe in Neuseeland keinen Kiwi in der Natur entdeckt, hatte aber die besondere Gelegenheit, in einem Naturschutzzentrum am Franz Josef-Gletscher einen dort aufwachsenden Kiwi zu beobachten. Das war ein tolles Erlebnis und ich war sehr begeistert von dem niedlichen Geschöpf. In dem Zentrum galten strenge Hygienevorschriften und wir betraten das Gehege in voller Schutzmontur, selbst unsere Füße steckten in extra bereitgestellten Tüten, um die Tiere nicht zu gefährden.

Kiwis haben einen langen Schnabel, werden nie von ihren Eltern gefüttert, sondern kommen nach ungefähr fünf Tagen aus ihrem Nest, um sich selbst Futter zu suchen und brauchen sehr lange (drei bis fünf Jahre), bis sie ausgewachsen sind.

Der Kiwi symbolisiert die Einzigartigkeit der neuseeländischen Natur – den Vogel gibt es nämlich nirgendwo sonst auf der Welt – und den Wert des natürlichen Erbes des Landes. Für die Maori ist er ein „Tangoa", ein Schatz. Die Maori haben starke kulturelle, spirituelle und historische Bezüge zum Kiwi. Seine Federn werden auf einen Umhang namens „Kahukiw" genäht, den nur sehr ranghohe Maori tragen dürfen. Heute werden dafür die Federn von auf natürliche Weise verstorbenen Kiwis verwendet. Die Vögel werden nicht mehr gejagt, sondern stattdessen von vielen Neuseeländern beschützt und gepflegt. Mehr als 90 Gemeinschaften haben Schutzräume für Kiwis eingerichtet, zum Beispiel auf Inseln.

Bevor die Siedler nach Neuseeland kamen, hatten die flugunfähigen Vögel kaum natürliche Feinde, lebten quasi sorgenfrei und haben daher wenige Mechanismen entwickelt, um sich vor Fressfeinden zu schützen. Die von den Europäern auf die Insel gebrachten Säugetiere wie Marder, Opossums und vor allem Hunde, machen den Kiwis das Leben schwer. Die schwach entwickelten Flügel und Brustmuskeln und der Mangel an Brustknochen macht sie besonders schutzlos gegen Verletzungen wie Hundebisse. Für junge Kiwis sind Wiesel die gefährlichsten Feinde. Katzen und Frettchen können den Vögeln ebenfalls zur Bedrohung werden. Glücklicherweise wächst die Zahl an Kiwis in den geschützten Gebieten wieder. Auf der Coromandel-Halbinsel hat sich die Population in den letzten zehn Jahren beispielsweise verdoppelt.

Die Namensdopplung zur Kiwi-Frucht fällt direkt auf. Die von außen braune runde Frucht wurde tatsächlich nach dem Vogel aus Neuseeland benannt. Ursprünglich hieß sie „chinesische Stachelbeere", begründet auf ihrer Herkunft aus Fernost. Die innen meist grüne oder manchmal gelbe Frucht wurde ab den 1960er Jahren in großen Mengen aus Neuseeland in die ganze Welt exportiert. Heute finden Sie im ganzen Land große Kiwi-Plantagen, die auf jeden Fall mal einen Besuch wert sind. Und wenn Sie mögen, können Sie sogar für einen Tag dort mitarbeiten und den Alltag der Kiwi-Bauern kennenlernen – zum Beispiel im „Bay of Plenty", südöstlich von Auckland. Übrigens: Auch die Einwohner Neuseelands werden als „Kiwis" bezeichnet.

Sport hat einen hohen Stellenwert in

Neuseeland. Vor allem Rugby ist dort sehr beliebt. Das neuseeländische Rugby-Team wird „All Blacks" genannt, da die Spieler komplett in schwarz gekleidet sind. Die „All Blacks" sind ziemlich erfolgreich und gelten sogar als die beste Rugby-Mannschaft der Welt, da sie meist die Rangliste anführen und gegen jedes gegnerische Team eine sehr gute Bilanz bezüglich der Siege verzeichnen. Vor jedem Länderspiel wird der Haka-Tanz zur Motivation und Einschüchterung der Gegner aufgeführt. Der Haka ist ein ritueller Tanz der Maori. Typisch sind dabei das Herausstrecken der Zunge, das weite Aufreißen der Augen und der laute Gesang, der an Kriegsschreie erinnert. Das Zeichen der „All Blacks" ist der Silberfarn, der gleichzeitig die Nationalpflanze Neuseelands ist. Der Silberfarn ist heimisch in Neuseeland. Er kann sehr groß werden (bis zu zehn Meter hoch) und hat seinen Namen von der silber-metallisch glänzenden Unterseite der Blätter. Der Silberfarn ist nicht nur auf der Flagge der „All Blacks", sondern auch auf dem neuseeländischen Wappen abgebildet.

KIA ORA! EIN PAAR NEUSEELÄNDISCHE AUSDRÜCKE, DIE SIE KENNEN SOLLTEN

„Kia Ora!" bedeutet „Willkommen!" bei den Maori und in ganz Neuseeland. Der Ausdruck wird auch zur Begrüßung verwendet. Neuseeland heißt auf Maori „Aotearoa". Das bedeutet lange, weiße Wolke, was wohl der länglichen Form der beiden Inseln geschuldet ist. Liebe heißt „Aroha" und Fluss „Awa". Der berühmte Maori-Tanz wird, wie bereits erwähnt, „Haka" genannt. Essen nennen die Maori „Kai" und „Iwi" bedeutet Stamm. Ein Geschenk ist ein „Koha" und wer sich auf den Weg zur Arbeit macht, geht zur „Mahi".

Als Tourist in Neuseeland sind Sie ein „Manuhiri", also ein Gast. Anstelle von Kirchen habe die Maori eine „Marae". Das ist ein Haus, in dem die Gemeinde zusammenkommt. Das Meer heißt „Moana" und die Berge „Maunga". Ein Sohn oder junger Mann wird „Tama" genannt, eine Tochter „Tamahine" und Kinder „Tamariki". Gemeinsam als Familie sind sie eine „Whanau", zu der auch enge Freund gezählt werden können. Die Sprache der Maori nennt sich „Te Reo Maori".

Obwohl Maori-Ausdrücke häufig in die Sprache der Neuseeländer eingeflochten werden, wird grundsätzlich im öffentlichen Raum in Neuseeland meist Englisch gesprochen. Daher sollten Sie sich selbstverständlich zuvor elementare Grundlagen der englischen Sprache aneignen, wenn Sie diese noch nicht beherrschen. Begriffe wie „Hello" für „Hallo", „how are you?" für „wie geht es dir bzw. Ihnen?" oder „Thank you" für „Danke" sind unentbehrlich, aber ich denke, das ist heute selbstverständlich.

Als ich in Neuseeland ankam, konnte ich zwar Englisch sprechen, musste mich aber trotzdem erst einmal an die ungewohnte Aussprache der Neuseeländer gewöhnen. Obwohl ursprünglich britisches Englisch dort gesprochen wurde, hat sich mit der Zeit ein eigener Akzent entwickelt. Und damit einher geht auch das Vorhandensein bestimmter Begriffe und Ausdrücke, die nur in Neuseeland verwendet und verstanden werden. Einer dieser Ausdrücke ist „sweet as". Dieser fällt ständig und bedeutet umgangssprachlich so viel wie „super" oder „alles klar". Häufig wird von Neuseeländern am Ende einer Frage ein „eh" angehängt, das unser „nicht wahr?",

„oder?" und „habe ich recht?" ersetzt und damit die Aufmerksamkeit des Zuhörenden durch Rückfragen halten soll, beziehungsweise um Zustimmung bittet.

Stellt Ihnen jemand in Neuseeland die Frage „Are you keen?", dann werden Sie gefragt, ob Sie auf etwas Bestimmtes Lust haben und darüber enthusiastisch sind, wie zum Beispiel zum „Dairy" zu gehen und ein Eis zu essen. Haben Sie Lust auf ein Eis, antworten Sie am besten: „Yes, I'm keen!". Sie könnten aber auch „Chur!" antworten, das heißt in neuseeländischer Umgangssprache ebenfalls „Ja", „Super", „Klar" oder „Natürlich". Sind Sie unentschieden, ob Sie gerade wirklich ein Eis essen wollen, wäre die neuseeländische Antwort: „I dunno". Falls Sie absolut keine Lust haben, aber die andere Person ungern enttäuschen wollen, sagen Sie einfach „Yeah nah" – eine freundliche Form der Verneinung, die immer etwas schwammig bleibt, jedoch den Kern der Aussage transportiert.

Haben Sie Ihrem Gegenüber netterweise ein Eis vom Dairy mitgebracht, bekommen Sie vielleicht die Antwort: „Aw, tu meke", was so viel heißt wie „Danke, das war doch nicht nötig". Als Dankeschön könnte Ihnen in Neuseeland auch einfach mit „Ta!"

geantwortet werden.

Wenn Sie vergessen haben, ein Eis vom Dairy mitzubringen, obwohl Sie darum gebeten wurden, wäre der passende umgangssprachliche Ausruf: „Aw, stink one!" Die andere Person könnte „Aw, gutted!" antworten und damit ihre Enttäuschung zum Ausdruck bringen. Geht also mal etwas schief und bekommen Sie von einem Neuseeländer das gängige Schimpfwort „Bugger!" zu hören, dann nehmen Sie besser Reißaus. Am besten rennen Sie dann direkt in „the wops", einen Ort mitten im Nirgendwo. Die Erweiterung „Bugger all" wird verwendet, wenn von etwas nichts mehr übrig ist. Sind Sie satt und wollen kein Eis mehr essen, sagen Sie einfach „I'm chocka".

Barfuß laufen ist in Neuseeland gang und gäbe. Noch häufiger aber sieht man jedoch Leute in „Jandals" herumlaufen. „Jandals" ist das neuseeländische Wort für Flip-Flops oder Sandalen. Der Ausdruck „handle the jandal" bedeutet, eine Situation im Griff zu behalten. Gummistiefel sind vielleicht sogar ein noch häufigeres Schuhwerk auf dem Land und besonders auf den vielen Bauernhöfen („Farms"). Die Allwetter-Schuhe nennen die Neuseeländer liebevoll „Gumboots".

Im Sommer wird in Neuseeland viel gegrillt und dazu ein paar Biere getrunken. Das „Barbecue" wird dort umgangssprachlich gerne als „Barbie" abgekürzt, dies sollten Sie also nicht mit der Barbie-Puppe verwechseln. Ist jemand betrunken, bezeichnet man ihn in Neuseeland als „munted". Und eine betrunkene (oder auch nüchterne) Person, die etwas Auffälliges im Schilde zu führen scheint, sieht für Neuseeländer ein bisschen „sus" aus („looks a bit sus"). Sus ist einfach die Abkürzung von „suspicious", also „verdächtig".

Bittet eine Person Sie um ein Kaugummi, wird sie vielleicht sagen: „Pass me the chuddy!" Der Ausdruck „He's a sammie short of a picnic" hat nicht, wie man zunächst denken würde, etwas mit essen zu tun, sondern bedeutet, dass jemand etwas dümmlich wirkt. Ebenfalls nichts mit Essen zu tun hat die Redewendung „He'll try to cut your lunch if you're not careful", denn es beinhaltet die Warnung, dass jemand einem die Freundin oder den Freund ausspannen will.

Falls das Wetter beim Barbecue schlechter ist als erwartet und Sie eine Bemerkung dazu machen, dann wundern Sie sich nicht, wenn die Antwort darauf „Hard" lautet – damit stimmt Ihnen die andere Person zu. Eine weitere Umdrehung der eigentlichen Bedeutung erfolgt bei „mean", denn das heißt bei den Neuseeländern besonders gut oder „toll!".

Wenn Sie das alles verinnerlicht haben, sind Sie sprachlich perfekt auf eine Neuseelandreise vorbereitet. Aber auch wenn das alles etwas zu viel auf einmal war, werden Sie die Dinge schon aus der Situation heraus verstehen und sich mit den freundlichen Neuseeländern kommunikativ austauschen können, notfalls mit Händen und Füßen.

EIN KLEINER AUSFLUG IN DIE GESCHICHTE

Die Legende besagt, dass die Vorfahren der Maori um 1200 vor unserer Zeitrechnung in Schiffen aus Polynesien die Insel erreichten. Sie orientierten sich an Meeresströmungen, Winden und dem Sternenhimmel und waren auf einer Erkundungsfahrt des Pazifiks, als sie unerwartet Neuseeland entdeckten. Nach den Überlieferungen der Maori hieß der Entdecker des Landes „Kupe".

Die ersten Europäer, die Neuseeland erreichten,

waren die Niederländer. Angeführt durch den Entdecker Abel Tasman, ein niederländischer Kartenschreiber, kamen sie dort an und gaben dem Land die Ursprungsversion seines heutigen Namens: Nieuw Zeeland. Danach verging eine überraschend lange Zeit, um genau zu sein 127 Jahre, bis weitere Europäer den Weg auf die Inseln fanden. Im Jahr 1769 kam James Cook mit seiner Mannschaft nach Neuseeland. Von nun an besuchten europäische Wal- und Robbenfänger häufiger die Inseln, und schließlich auch immer mehr Händler.

Um 1830 sah sich die britische Regierung unter Druck, die dort herrschende Gesetzeslosigkeit einzudämmen und den Franzosen zuvorzukommen, die Neuseeland als potenzielle Kolonie in Betracht zogen. Schließlich lud William Hobson, Neuseelands erster Gouverneur, am 6. Februar 1840 in Waitangi einen der Maori Anführer ein, um ein Abkommen mit der Britischen Krone zu unterzeichnen. Daraufhin wurde das Abkommen im ganzen Land den lokalen Maori-Anführern vorgelegt und von mehr als 500 von ihnen unterzeichnet.

Übrigens existierte die Bezeichnung „Maori" noch nicht im heutigen Sinne, bevor die europäischen Siedler nach Neuseeland kamen. Es bedeutet einfach „normal" oder „gewöhnlich" und die Bevölkerung nutzte es, um sich von den neuen, fremden Siedlern abzugrenzen.

Die Maori wurden von europäischen Siedlern in extremer und häufig brutaler Weise unter Druck gesetzt, ihr Land für niedrige, unfaire Preise zu verkaufen, an vielen Orten wurde es ihnen gewaltsam weggenommen. Dies führte in den 1860er Jahren zu Kriegen auf der Nordinsel, die sich über 20 Jahre erstreckten.

Währenddessen wurde auf der Südinsel immer erfolgreicher Handel betrieben. Das Halten von Schafen wurde zu einer guten Ertragsquelle, wofür jedoch viele Wälder gerodet wurden, um Weideland zu schaffen. Canterbury wurde die wohlhabendste Provinz des Landes. Im Jahr 1861 wurde in Otago erstmals Gold entdeckt und kurz darauf auch an der Westküste, sodass Dunedin zu Neuseelands größter Stadt anwachsen konnte.

In den 1870ern ermöglichte die britische Regierung tausenden britischen Staatsbürgern ein neues Leben in Neuseeland. Eisenbahnstrecken wurden erbaut und Städte wuchsen und breiteten sich aus.

1882 wurde das erste gefrorene Fleisch erfolgreich von Neuseeland nach England geliefert. Von nun an war der Export von Fleisch, Butter und Käse möglich und Neuseeland wurde zum wichtigsten Lieferanten tierischer Produkte für Großbritannien. Die florierende Landwirtschaft führte dazu, dass schließlich nur noch wenige Teile der Wälder übrig waren, die ursprünglich ganz Neuseeland bedeckt hatten. Auch heute werden Sie sehen, dass das Landschaftsbild hauptsächlich durch grüne, grasbewachsene Hügel geprägt ist. 1893 wurde Neuseeland das erste Land der Welt, in dem Frauen das Recht hatten, zu wählen. Staatliche Wohnungen für Arbeiter wurden ebenfalls erstmals in Neuseeland zur Verfügung gestellt.

DIE HERZLICHKEIT UND AUFGESCHLOSSENHEIT DER NEUSEELÄNDER

Während meiner Zeit in Neuseeland habe ich die Menschen dort als sehr aufgeschlossen und freundlich erlebt. Die Familie einer Bekannten hat mich an Weihnachten an ihren Feierlichkeiten teilnehmen lassen, da ich ja nicht bei meiner eigenen Familie in Deutschland sein konnte. Es war sehr sonnig und wir haben den Tag am Strand verbracht und ein großes Buffet mit Barbecue aufgebaut.

In Neuseeland, vor allem auf der Nordinsel, lässt sich die Jahreszeit weniger gut als hier an den Bäumen ablesen, denn die meisten Pflanzen dort sind das ganze Jahr über grün. Trotzdem gibt die Temperatur Aufschluss über die Jahreszeit, auch wenn die Schwankungen viel geringer sind als in Mitteleuropa. Und wenn bei uns in Deutschland Winter ist, ist in Neuseeland gerade Sommer, so wie an Weihnachten. Doch die Umkehrung der Jahreszeiten in Neuseeland ändert nichts daran, dass die Schaufenster in der Weihnachtszeit mit Schneeflocken dekoriert sind und der Weihnachtsmann einen dicken roten Mantel trägt. Man spürt noch immer die Nähe zu

Großbritannien, auch das Schauen der Übertragung der Weihnachtsansprache der britischen Queen ist in vielen Familien ein Muss. Jedenfalls habe ich in Neuseeland durch die Aufgeschlossenheit der Menschen ein sehr schönes, fröhliches Fest erlebt und es war etwas ganz Besonderes, Weihnachten mal im Sommer und am Strand zu erleben.

Ein anderes treffendes Beispiel für die freundliche Art vieler Neuseeländer ist eine Bekanntschaft, die meine beiden Mitreisenden und ich während einer Kayak-Tour im „Abel Tasman National Park" machten. Nachdem das Wetter bis dahin gut gewesen war und wir den Ausflug sehr genossen, zog sich der Himmel plötzlich zu und wir legten mit unseren Booten an einer kleinen Insel an. Dort suchten wir uns eine Höhle, um uns vor den Regengüssen zu schützen. In der Höhle, zu der wir liefen, hatte bereits ein älteres neuseeländisches Ehepaar Unterschlupf gefunden. Wir boten an, weiter zu suchen, doch sie bestanden auf unser Bleiben, denn es sei doch Platz für alle in der Höhle. Wir rückten alle etwas näher zusammen und warteten gemeinsam, bis die Regenschauer vorbei waren. Währenddessen kamen wir ins Gespräch und unterhielten uns sehr gut.

Sie freuten sich, dass es uns in Neuseeland bisher so gut gefallen hatte und luden uns zu sich nach Hause ein. Die beiden machten gerade einen Wochenendausflug und lebten etwas weiter im Süden. Wir tauschen Telefonnummern und Adressen aus, und versprachen, sie zu besuchen.

Als wir ungefähr eine Woche später tatsächlich bei ihnen eintrafen, waren wir auf einen kurzen Besuch eingestellt und hatten angenommen, uns ein Hostel in der Nähe zum Übernachten zu suchen. Doch sie bestanden darauf, uns drei Reisende bei sich zu beherbergen. Sie waren unglaublich nett, bekochten uns und behandelten uns wie alte Freunde oder gar Teile der Familie. So eine Wärme und Gastfreundschaft habe ich vorher noch nie erlebt. Wir blieben mehrere Tage, machten gemeinsame Ausflüge und hatten eine sehr schöne Zeit dort. Noch heute stehen meine Freunde und ich mit dem netten neuseeländischen Ehepaar in Kontakt und wir freuen uns immer, voneinander zu hören. Insgesamt habe ich in Neuseeland viele nette und herzliche Menschen kennengelernt, was in erster Linie dazu beigetragen hat, dass ich mich dort so wohl gefühlt habe.

Vielfältige Erlebnisse

ATEMBERAUBENDE LANDSCHAFTEN UND NATURSCHAUSPIELE

Neuseeland ist das Land der unendlich vielfältigen Landschaften. Nach der Ankunft in Auckland bietet sich direkt eine Erkundung des Northlands an: Nördlich von Auckland erstrecken sich wunderschöne Strände entlang des Bay of Islands. Und im Waipoua Forest können Sie in vergangene Zeiten eintauchen: der gigantische, majestätische Tane Mahuta ist der älteste Kauri-Baum der Welt und gilt für die Maori als Gottheit.

Ein unglaubliches Naturschauspiel erleben Sie bei der Überquerung des Mount Tongariro. Die strahlend türkisfarbenen Seen und Vulkankrater und die Panoramaaussicht über die scheinbar unendliche Weite lässt den beliebtesten Wanderweg Neuseelands zu einem unvergesslichen Erlebnis werden. Im Süden des Mount Tongariro liegt das größte Skigebiet Neuseelands, Mount Ruhapehu, das Ihnen im Winter sogar die außergewöhnliche Chance einer geführten Skitour entlang der Gletscher mit fantastischer Aussicht über die traumhafte, weite Landschaft bietet.

Neuseelands beeindruckendster Wasserfall befindet sich in der Nähe des Lake Taupo. Die strahlend türkisenen Wassermassen der „Huka Falls" krachen dort mit immenser Wucht nach unten und bilden ein atemberaubendes Naturschauspiel. Auch der riesige tiefblaue Lake Taupo selbst ist ein wunderschöner Ort zum Verweilen.

Außergewöhnliche Strände mit feinem Sand erwarten Sie rund um Wanganui an der Westküste der Nordinsel. Aufgrund der dünnen Besiedlung des Landes kommen Sie häufig in den Genuss, einen traumhaften weitläufigen Strand fast ganz für sich allein zu haben – ein solcher Geheimtipp ist der Kai Iwi Beach.

Der Whanganui River ist der ideale Ort für eine Paddeltour entlang des wunderschönen Flusses. „Yetitours" bietet zwei- bis achttägige Kayaktouren an, bei denen die Landschaft genossen werden kann, das Lager unter dem unendlichen Sternenhimmel aufgeschlagen wird und mit einem Abstecher zur „Bridge to Nowhere" echtes Abenteuer und intensive Erlebnisse auf Sie warten.

In Neuseeland können Sie die verschiedensten Tierarten in ihrem natürlichen Umfeld beobachten. In Oamaru tauchen kurz vor Sonnenuntergang unzählige blaue Zwergpinguine und Gelbaugenpinguine an der Küste auf. Sehr niedlich sind auch die spielenden Robben, die an der Ostküste der Südinsel an vielen felsigen Bereichen, zum Beispiel auf der Kaikoura-Halbinsel, zu sehen sind. In Kaikoura starten außerdem die legendären Whale-Watching-Touren, die es Ihnen ermöglichen, die riesigen Meeresgeschöpfe aus nächster Nähe zu betrachten. Ein unvergessliches Erlebnis ist das Schwimmen mit Delfinen, die angelockt durch einen hohen Pfeifton in ganzen Schwärmen um Sie herumplantschen. Eine solche Tour wird beispielsweise als Tagesausflug ab Christchurch in Akaroa angeboten.

Es gibt noch viele weitere Wandertouren, bei denen Sie Neuseelands beeindruckende Natur genießen können, zum Beispiel ein Besuch des Gletschers „Franz Josef" oder das Besteigen des Mount Cooks auf der Südinsel. Neuseeland bietet Ihnen großartige und unvergessliche Natureindrücke.

STÄDTETRIPS UND KULTUR-ERLEBNISSE

Die Maori pflegen noch heute ihre alten Bräuche, Rituale und Künste, die von vergangenen Zeiten vor der Besiedlung Neuseelands durch die Europäer sprechen. Eintauchen in die mystische und spannende Kultur der Maori können Sie im Waitangi Treaty House im Northland oder in den Maori-Dörfern rund um Rotorua, wo die heißen Quellen als Lebensgrundlage dienen und traditionelle Tänze wie der energiegeladene Haka vorgeführt werden.

In Wellington sollten Sie unbedingt das Museum „Te Papa" besuchen, das direkt am Hafen liegt.

Unterhaltsam und inspirierend, mit vielen interaktiven Elementen, können Sie hier in besonderer Weise die Eigenheiten und die Geschichte des Landes erkunden. Faszinierende Kunstwerke, ein kolossaler Tintenfisch und 3D-Animationen werden Sie zum Staunen bringen. Die an der Bucht am südlichsten Ende der Nordinsel gelegene Hauptstadt Neuseelands hat auch sonst in kultureller Hinsicht viel zu bieten, mit unzähligen Kunstgalerien und Musikveranstaltungen. In Wellington gibt es auch zahlreich hübsche Cafés, in denen Sie sich zwischendurch eine Auszeit gönnen und einen schmackhaften Flat White mit einem frisch gebackenen Scone genießen können. Wellington verfügt über eine große Anzahl an Kinos. Das schönste Kino ist „The Embassy" in einem alten Gebäude mit riesigen stuckverzierten Kinosälen mitten in der Innenstadt Wellingtons. Dort schaute ich die Premiere des „Hobbits", was ein besonderes Erlebnis war.

Bei einem Städtetrip nach Wanganui eignet sich ein Spaziergang entlang der Victoria Ave gut, um die nette Kleinstadt kennenzulernen. Durch die Haupteinkaufsstraße mit vielen netten Läden kommen Sie auch zum Museumshügel. Dort befindet sich auf der linken Seite das „Wanganui Regional Museum", in dem viele spannende Maori-Gegenstände zu betrachten sind und Sie interessante Fakten über die Geschichte des Ortes und der Region lernen. Daneben prangt majestätisch die „Sarjeant Gallery" (38 Taupo Quay) mit zahlreichen eindrucksvollen Gemälden und anderen Kunstwerken wie Installationen. Für Eisenbahnliebhaber ist das Eisenbahnmuseum am Flussufer zu empfehlen, dessen enthusiastischer Leiter Ihnen gerne alles rund um die die Geschichte der ersten Bahngleise und Züge in Neuseeland erzählt.

Am Wochenende ist der Markt am Flussufer eine tolle Gelegenheit, das Leben der Stadt und ihre Einwohner kennenzulernen. Neben Obst- und Gemüseständen gibt es dort köstliches, direkt vor Ort verzehrbares neuseeländisches Essen, wie ein in heißem Wasser gekochtes Brot mit buntem Belag und dazu frisch gepresster Fruchtsaft. Außerdem bauen unterschiedliche Künstler dort ihre Stände auf, es werden Bilder, Fotografien, Gedichte und getöpferte Schalen zum Verkauf angeboten. Bei dieser Gelegenheit kommen Sie schnell mit den Einheimischen ins Gespräch.

Eine gute Aussicht über die Stadt erhalten Sie auf der anderen Seite des Whanganui River vom „Durie Hill Tower". Der Turm hat viele Stufen und ist durch einen besonderen Fahrstuhl zu erreichen, der vom Fluss aus über einen langen Tunnel mitten durch den Berg führt.

Auf der anderen Seite der Stadt liegt der Virginia Lake mitten in einem schönen Park, der sich perfekt für Spaziergänge eignet. Daneben befindet sich ein botanischer Garten, der ebenfalls einen Besuch wert ist. Im Anschluss können Sie eines der zahlreichen freundlichen Cafés in Wanganui besuchen. Im „Mud Ducks" direkt am Flussufer gibt es guten Kaffee und leckere Sandwiches. Und abends könnten Sie zum Beispiel mit einem kühlen Bier in der Stellar Bar oder im Caroline's Celtic einen gelungenen Tag ausklingen lassen.

Wenn Sie gerne auf Festivals gehen, dann sollten Sie das WOMAD Festival, das alljährlich im März in New Plymouth stattfindet, nicht verpassen. Im Grünen wird dort mehrere Tage gezeltet, getanzt und gefeiert und neben großartigen Konzerterlebnissen von Künstlern aus Neuseeland und der ganzen Welt, kommen Sie dort auch in den Genuss, die

Lebensfreude und Offenheit der Bewohner Neuseelands zu erleben. Zurecht sehr beliebt ist auch das dreitägige Musikfestival „Rythm and Vines" in Gisbourne mitten in Neuseelands Weinregion. Das Schwesterfestival „Rythm and Alps" im Cadrona Valley in der Nähe von Wanaka verzeichnet alljährlich 10.000 Besucher, die am Fuße des Berges feiern und die Musik genießen. Auf vier Bühnen treten dort internationale und einheimische Bands auf. Wer kein eigenes Zelt zum Übernachten mitbringt, kann sich dort als besonderes Übernachtungs-Highlight ein großes Tipi mieten. Nur eine Stunde von Auckland steigt jedes Jahr das „Splore", ein Festival direkt am Strand, und verspricht jede Menge gute Laune. Und mitten in Wellington findet das „Homegrown"-Festival statt mit einem bunt gemischten Musikprogramm von Rock über Dubstep bis hin zu elektronischen Beats.

Ein Highlight für Reisende in Neuseeland ist zumeist auch die Besichtigung der Schauplätze der Filmreihe „Der Herr der Ringe" und „Der Hobbit". Eine Tour durchs Auenland wird Ihnen in Matamata in der Nähe von Hamilton auf der Nordinsel geboten. Der märchenhafte Drehort von Hobbiton (in der deutschen Übersetzung Hobbingen) liegt auf einem riesigen Farmgelände. Dort finden Sie die kleinen, in grasbewachsene Hügel eingelassenen Behausungen für die Filmhelden. Vor den runden bunten Holztüren sind Blumen gepflanzt, Vögel zwitschern und ein paar Schafe grasen auf den Hügeln. In Hobbiton können Sie in die heile, idyllische Welt der Hobbits eintauchen – einige der Höhlen sind sogar betretbar. Am Ende der circa einstündigen Tour können Sie in dem passend zu den Filmen eingerichteten Hobbit-Pub noch gemütlich ein Bier trinken und den Ausflug ausklingen lassen.

Wenn Sie sich vor der Reise noch mit anderen Filmen als „Der Herr der Ringe" und „Der Hobbit" einstimmen wollen: Ein sehr guter deutsch-neuseeländischer Film ist zum Beispiel „Whale Rider" von der Regisseurin und Drehbuchautorin Niki Caro. Der 2002 veröffentlichte Film dreht sich um ein zwölfjähriges Mädchen, das in einer Maori-Gemeinschaft aufwächst. Der Maori-Mythologie zufolge ritt der Urahn der Maori, „Paikea", auf einem Wal an die Küste Neuseelands. Dort gründete er das Dorf Whangara. Von da an trägt immer das Oberhaupt des Stammes den Namen „Paikea" und jeweils der erstgeborene

Sohn erbt diesen Namen. In dem Film „Whale Rider" wartet die Familie auf einen männlichen Nachfahren, der die Familientradition weiterführen soll. Bei der Geburt von Zwillingen überlebt nur das Mädchen. Obwohl dies ein Verstoß gegen die Tradition ist, erbt das Mädchen den Namen „Paikea" und wird „Pai" gerufen. Aufgrund ihres Geschlechts ist es schwer für sie, die Anerkennung und Akzeptanz des Stammes zu erlangen. Doch dann beweist sie ihre Stärke mit einer besonderen Fähigkeit. Aber sehen Sie den Film selbst, ich möchte nicht zu viel vorwegnehmen. Die Geschichte der jungen „Pai" ist sehr bewegend und rührend. Die Buchvorlage zum Film wurde von Witi Ihimeara verfasst.

ABENTEUER UND NERVENKITZEL

Wenn Sie sich dazu überwinden wollen, Ihre eigenen Grenzen zu überschreiten und sich dem Nervenkitzel auszusetzen, ist Neuseeland genau der richtige Ort dafür, denn hier, genauer gesagt in Queenstown, wurde der allererste Sprung am elastischen Seil gewagt. Umgeben von fantastischer Landschaft um den märchenhaft blauen Lake Wakatipu, können auch

Sie mit Bungee-Jumping oder Skydiving ans Äußerste gehen und adrenalingetragene Glücksmomente erleben, die Sie nie wieder vergessen werden. Beim Tandem-Skydiving in Queenstown begeben Sie sich in einen kleinen Hub-schrauber, aus dem Sie dann gemeinsam mit einem professionellen Sportler, der Ihre Sicherheit gewährleistet, in die Tiefe springen. Sie erleben einige Sekunden komplette Freiheit und Nervenkitzel, bis Ihr Tandem-Partner zu Ihrer Erleichterung den Gleitschirm aktiviert und Sie von Glück getragen durch die Lüfte fliegen.

Von der Auckland Harbor Bridge können Sie mit Blick auf die Skyline der größten Metropole Neuseelands Bungee springen und sogar den darunter liegenden Ozean berühren. Am Lake Taupo sind tollkühne Bungee-Sprünge von Klippen, mit faszinierender Aussicht auf den klaren blauen See, möglich. Nirgendwo sonst auf der Welt gibt es so viele Möglichkeiten, ans eigene Limit zu gehen und dabei die einzigartigen Ausblicke zu genießen.

Wenn Ihnen das doch etwas zu extrem ist, Sie aber trotzdem Lust auf Adrenalin und Tempo haben, können Sie in Queenstown mit dem „Go Kart", einem kleinen Rennwagen, für 49 NZ-Dollar den Berg hinunter brettern und dabei garantiert jede Menge Spaß haben. Für Reisende mit kleinem Budget gibt es in Neuseeland so gut wie überall wunderschöne Wanderwege, die tolle kostenlose Freizeiterlebnisse und Abenteuer garantieren. In fast jeder Stadt gibt es eine so genannte i-SITE, in der freundliche Lokals Ihnen kostenlose Informationen zu Wanderwegen und Aktivitäten im Umfeld zur Verfügung stellen.

PURE ENTSPANNUNG

Absolute Entspannung finden Sie an den natürlichen heißen Quellen Neuseelands, zum Beispiel bei Roturua. Egal ob Schlammbaden, geothermale Whirlpools oder ein komplettes Wellness-Erlebnis, hier können Sie mal so richtig ausspannen.

Der „Abel Tasman National Park" ist einer der schönsten Naturparks Neuseeland. Wenn Sie sich hier ein paar Tage Entspannung gönnen wollen, sollten Sie dort unbedingt in eines der Wellness-Resorts einkehren, wie z. B. das Apple Split Retreat.

Am Hot Water Beach auf der Coromandel-Halbinsel können Sie sich am Strand Ihren eigenen Whirlpool ausgraben und darin die Wärme genießen. Und an der Ostküste Neuseelands können Sie den weltweit ersten Sonnenaufgang erleben. Dafür eignet sich beispielsweise der East Cape-Leuchtturm am Hicks Bay – dort kann auch übernachtet werden. Die Coromandel-Halbinsel ist sowieso einen Abstecher wert. Hier befindet sich auch die berühmte Höhle namens „Cathedral Cove" (bei Hahei), durch die Sie auf den Strand blicken können und die wohl in keinem Erinnerungs-Fotoalbum fehlen darf.

Exklusive Reisetipps

AUSSERGEWÖHNLICHE UNTERKÜNFTE

In Neuseeland finden Sie an Unterkünften alles, was Ihr Herz begehrt – egal, ob luxuriöse Hotels, heimelige Bed and Breakfasts oder gesellige Low Budget Hostels. Wenn Sie Naturerlebnisse und fantastische Ausblicke genießen wollen, ohne auf Luxus und Komfort zu verzichten, ist eine der vielzähligen Eco Lodges in Neuseeland genau das Richtige für Sie, beispielsweise im Kahurangi Nationalpark im Nordwesten der Südinsel.

Für den kleinen Geldbeutel gibt es viele Hostels

mit Betten in Schlafsälen für einen geringen Preis. Zum Beispiel das beliebte „Nomads Capital Backpacker" in Wellington mit zentraler Lage und gemütlicher Einrichtung. Es ist der ideale Ort, um aufgeschlossene Reisende kennenzulernen und den Backpacker-Lifestyle zu erleben.

Es gibt in Neuseeland viele günstige und sehr schön gelegene Campingplatze, zum Beispiel vom Department of Conservation (D.O.C), die sowohl für Wohnwagen als auch für Zelte geeignet sind. Besonders empfehlenswert nach Ankunft auf der Südinsel bei Picton ist die direkt am Ufer gelegene Momorangi Camping Area und weiter im Süden das Lake Pearson Camping.

Eine Übernachtung der besonderen Art ist über die Internet-Plattform „Couchsurfing" möglich. Dort sind diverse „Hosts" registriert, bei denen man unentgeltlich übernachten kann. Ich habe viele gute Erfahrungen damit gemacht und viele freundliche Neuseeländer und Neuseeländerinnen sowie andere Reisende darüber kennengelernt. Außerdem erhalten Sie so einen Einblick in den Alltag der Einheimischen und nehmen an deren Leben teil. Die vorherrschende Gastfreundschaft war unfassbar und herzerwärmend. In der durch das Erdbeben im Februar 2011 stark zerstörten Stadt Christchurch, hatte es sich beispielsweise ein netter Neuseeländer zur Aufgabe gemacht, Reisenden einen Unterschlupf zu bieten. Dazu bot er meiner Mitreisenden und mir seinen kompletten Wohnwagen an, holte uns sogar früh am Morgen am Flughafen ab und gab uns eine spannende Tour durch die Stadt. Er erzählte, dass er dauerhaft Backpacker dort beherberge. Ein sehr freundlicher und herzlicher Mensch, den wir dort in Christchurch kennenlernen und einige Tage mit ihm verbringen durften. Couchsurfing lohnt sich nicht nur wegen der Möglichkeit einer kostenlosen Übernachtung, sondern auch wegen der tollen Begegnungen. Allerdings sollen Sie sich im Vorfeld immer sorgsam die Beschreibungen der Gastgeber sowie die Bewertungen durch vorherige Gäste durchlesen, um sicher zu gehen, dass Sie sich dort wohlfühlen können.

MOBIL UNTERWEGS

Die meisten Flüge von Deutschland nach Neuseeland starten in Frankfurt und landen in Auckland. Bei einer Flugzeit von über 20 Stunden haben Sie in der Regel einen Zwischenstopp, je nachdem, mit welcher Fluggesellschaft Sie fliegen. Bei meinem Hinflug mit Korean Airlines hatte ich das außergewöhnliche Glück, ein kostenloses Upgrade in die Business Class zu erhalten, sodass ich einen sehr entspannten Flug mit viel Platz sowie leckerem koreanischen Essen genießen konnte. Es wurden sogar hübsch angerichtete Cocktails serviert.

Nachdem ich auf der Hinreise einen fünfstündigen Aufenthalt in Seoul am Flughafen verbracht hatte, entschied ich mich, die Rückreise so zu buchen, dass ich noch eine Woche in Korea verbringen konnte. Dies bot mir die Möglichkeit, die riesige und beeindruckende Metropole Seoul mit ihren hohen Wolkenkratzern und lebendigen Märkten kennenzulernen, die Berge im Soraksan-Nationalpark zu erklimmen, dort die faszinierenden Felsformationen zu bewundern und noch ein paar Tage am Strand zu entspannen. Wenn Sie sich etwas mehr Zeit für die Reise nehmen können, ist es sehr zu empfehlen, noch ein paar Tage in einem anderen Land zu verbringen, in dem Sie mit der jeweiligen Airline sowieso einen Zwischenstopp einlegen müssten. Außer Korea könnten hierzu zum Beispiel auch Japan oder Thailand infrage kommen. Auf diese Weise müssen Sie auch nicht die vielen Flugstunden auf einmal zurücklegen.

Wenn Sie mit der ganzen Familie oder einer Gruppe guter Freunde reisen, eignet sich das Ausleihen eines Wohnmobils besonders gut für die Erkundung Neuseelands. Damit sind Sie flexibel und mobil und können an wunderschönen Orten ihr Lager aufschlagen. Wenn Sie lieber in Hotels oder Hostels übernachten, ist das Ausleihen eines Autos dennoch zu empfehlen, um flexibel auch die Strände abseits der Haupttouristenrouten entdecken zu können. Angebote finden Sie zum Beispiel bei den Anbietern „New Zealand Rentacar", „Sixt" oder „Avis". Mit günstigen Reisebussen (wie z. B. denen des Busunternehmens „Intercity") lassen sich Hotels, Hostels und Ausflugsorte ebenfalls gut erreichen. Die Busfahrten lassen sich flexibel übers Internet buchen. Falls Sie über weniger Reisezeit verfügen und trotzdem viel sehen und erleben wollen, können Sie mit der

Fluggesellschaft „Air New Zealand" auch Inlandsflüge zwischen Ihren Reisezielen nutzen, da auch einige kleinere Städte in Neuseeland über Flughäfen verfügen.

Zur Überfahrt zwischen Nordinsel und Südinsel von Wellington nach Picton und andersherum können Sie bequem die Fähren der Anbieter „Interislander" oder „Bluebridge Cook Strait Ferries" nutzen. Pro Person liegen die Preise bei circa 75 NZ-Dollar, mit Auto kostet es durchschnittlich 172 NZ-Dollar und mit Wohnmobil 220 NZ-Dollar für eine Überfahrt.

Eine Bootsfahrt bietet sich zudem perfekt an, um die Traumlandschaft der Milford Sounds an der Westküste der Südinsel zu entdecken. So können Sie sich durch die wunderschönen Buchten treiben lassen und die fantastischen Felsformationen genießen.

ESSEN UND TRINKEN IN NEUSEELAND

Die neuseeländische Küche ist stark von der britischen beeinflusst. In den letzten Jahrzehnten wuchs auch der amerikanische Einfluss durch bekannte Ketten, die sich dort ansiedelten und ebenfalls großer Beliebtheit erfreuen. Außerdem gibt es in Neuseeland einige typische Maori-Speisen zu kosten, die Sie sich nicht entgehen lassen sollten.

Das warme und reichhaltige britische Frühstück mit „Bacon and Eggs" (Frühstückspeck und Eier) bekommen Sie in Neuseeland in fast allen Cafés, die Frühstück anbieten. Die Eier werden entweder „fried" (gebraten) oder „poached" (hier so genannte Essigeier, die ohne Schale in Wasser gekocht, beziehungsweise pochiert werden) serviert. Ein besonderes Frühstücksgericht mit „poached eggs" ist „Eggs Benedict". Bei dem US-amerikanische Frühstücksschmaus werden die pochierten Eier auf ein Toastbrot oder einen Frühstücks-Muffin mit „Ham" (Schinken) oder „Bacon" (gebratener Speck) gebettet und mit Sauce Hollandaise übergossen. Es ist sehr zu empfehlen, vor allem, wenn Sie das Gericht bisher noch nicht probiert haben. Zum Frühstück gibt es zudem häufig die ebenfalls von der nordamerikanischen Küche inspirierten „Hash Browns", das sind Kartoffelplätzchen, die eine Art Mischung aus den deutschen Reibekuchen bzw. Kartoffelpuffern und schweizerischen Rösti darstellen. Außerdem sind zum Frühstück „Sausages", kleine gebratene oder gekochte Würstchen, in Neuseeland sehr beliebt. Wenn Sie also ein genussvolles und vielfältiges warmes Frühstück mögen, werden Sie in Neuseeland nicht enttäuscht werden.

Mittags, zum „Lunch", werden in Neuesseland in erster Linie „Pies" und „Sandwiches" gegessen. Falls Sie mit Pies noch nicht vertraut sind: Damit sind in Neuseeland kleine, gefüllte Blätterteig-Küchlein gemeint. Die Füllung besteht meist aus feinem Mett und „Gravy", also Bratensoße, mit etwas Gemüse wie Zwiebeln und Erbsen vermengt. Es gibt aber auch vegetarische Pies, die komplett mit Gemüse gefüllt sind, sowie viele weitere Varianten mit verschiedenen Käse-Sorten oder einer Kartoffelmasse. Zum Nachtisch gibt es auch süße Pies, die mit Früchten gefüllt sind.

Sandwiches sind ebenfalls in neuseeländischen Bäckereien erhältlich, wenn sie nicht selbst gemacht werden. Amerikanische Sandwich-Ketten wie „Subway", die nach dem Franchise-Prinzip betrieben werden, sind in Neuseeland gleichsam sehr verbreitet. Dies gilt auch für die „üblichen Verdächtigen" der Fast-Food-Ketten wie „McDonalds", „Kentucky Fried Chicken" und „Burger King". Ebenso haben sich dort viele US-amerikanische Pizza-Restaurants angesiedelt, wie zum Beispiel „Dominos" und „Pizza Hut". Eine besondere Alternative, die Deutschland bisher noch nicht erreicht hat, in Neuseeland jedoch viele Filialen besitzt, ist „Pita Pit". Die kanadische Kette brüstet sich mit qualitativ hochwertigen, frischen Zutaten und es schmeckt dort tatsächlich sehr gut. Als Kunde können Sie sich dort eine Pita-Teigtasche nach Ihrem eigenen Geschmack zusammenstellen lassen und als Hauptbestandteile zum Beispiel zwischen Hähnchen, Steak, Garnelen, Lamm, Falafel oder Feta und Quinoa wählen. Dazu stehen dann noch Avocado, Zwiebeln, Karotten, Gurken, Bohnen, Käse, Reis, Salat, Tomaten, Mais, rote Beete, Speck, Süßkartoffeln, Ei, Ananas, Jalapeños und verschiedenste Soßen zur Auswahl. Da ist definitiv für jeden Geschmack etwas dabei.

An fast jeder Ecke in Neuseeland findet sich ein

„Fish and Chips"-Shop. Dort bekommen Sie für geringes Geld meist mit Bierteig ummantelten und frittierten „Lemon Fish" mit Pommes. Wenn Sie die „Fish 'n' Chips" zum Mitnehmen bestellen, werden diese klassischerweise in Zeitungspapier eingewickelt. Durch die Nähe zum Meer und die vielen Fischereien ist der Fisch meist sehr frisch und lecker. In neuseeländischen „Fish 'n' Chips"-Läden gibt es normalerweise allerdings nicht nur das klassische namensgebende Gericht, sondern noch viele weitere frittierte Speisen, wie beispielsweise frittierte Muscheln und andere Meeresfrüchte, die es sich zu probieren lohnt.

In einem „Fish and Chips"-Shop in Wellington wurde ich von anderen Neuseeländern darauf hingewiesen, dass ich unbedingt eine besondere süße Spezialität probieren müsse. Obwohl es mir zunächst ziemlich absurd vorkam, habe ich mich schließlich dazu breitschlagen lassen, die außergewöhnliche Nachspeise zu probieren. Der Ladenbesitzer hielt mir eine ganze Auswahl an Schokoriegeln unter die Nase und ich sollte mich für einen entscheiden. Ich wählte einen Mars-Riegel aus. Er packte den Riegel aus, ummantelte ihn mit Bierteig und warf ihn ins heiße Fett. Ich war wirklich gespannt darauf, wie der „Fried Mars Bar" schmecken würde. Als er ihn mir überreichte, sagte er, der gehe aufs Haus, weil es das erste Mal sei, dass ich so etwas probieren würde und man könne ja nicht wissen, ob es mir überhaupt schmecken würde … Und wie es mir schmeckte! Schwer zu glauben, aber die innen zum Teil geschmolzene Schokolade mit der heißen knusprigen Ummantelung war einfach die perfekte Kombination und ein absolutes Geschmackserlebnis. Nach so einer Kalorienbombe war ich erst einmal ziemlich gefüllt, nahm mir jedoch vor, in den nächsten Tagen noch einmal wieder zu kommen und noch weitere Schokoriegel-Sorten zu probieren, was ich natürlich auch tat. Der Verkäufer erinnerte sich auch noch an mich als ich wiederkam, das freute mich sehr. Auch wenn es zunächst ungewohnt ist, sollten Sie unbedingt mal einen frittierten Schokoriegel probieren, wenn Sie in Neuseeland sind, kein Scherz. Sie werden überrascht sein.

Da es viele neuseeländische Einwohner mit indischem Hintergrund gibt, besteht eine große Auswahl an indischem Essen, von günstigen „Take-A-ways" bis hin zu luxuriösen hochwertigen

Restaurants. Eine Mischung aus gutem Essen und nicht allzu teuren Preisen, und daher besonders empfehlenswert, ist das „Paradise" in Auckland im Stadtteil Sandringham. Es ist sehr schön und kreativ eingerichtet, ohne zu schick zu sein, sodass es sich anbietet, dort vor Ort zu essen. Jedoch kann das Essen auch mitgenommen werden, wenn Sie lieber zu Hause beziehungsweise im Hotel oder draußen essen. Auf dem Menü stehen zum Beispiel das gewürzreiche „Dum Ka Lamb" und das klassische „Chicken Masala" mit leckerem Reis und Naan-Brot. Das indisch entlehnte Gericht „Butter Chicken" ist in die neuseeländische Küche eingegangen, gehört in den meisten Haushalten zum Repertoire und steht auch in vielen nicht ausschließlich indischen Restaurants auf der Speisekarte.

Außerdem ist zum Beispiel „Sheperd's Pie" ein beliebtes Gericht in Neuseeland. Es kommt ursprünglich aus der englischen und irischen Küche, in Irland wird es auch als „Cottage Pie" bezeichnet. Der „Sheperd's Pie" besteht aus mehreren Schichten: Hackfleisch mit Knoblauch, Zwiebeln, Erbsen und Karotten sowie Gewürzen bildet die unterste Schicht, darauf kommt eine Schicht fein geriebener

Kartoffeln und die oberste Schicht besteht in Neuseeland meist aus Käse. Die drei Schichten werden nacheinander in eine große Backform gefüllt und dann im Ofen gebacken. Das Fleisch ist üblicherweise Lammfleisch, daher auch der Name: „Schäferkuchen".

Ein weiterer beliebter Auflauf ist „Mac 'n' Cheese". Das hat mir in Neuseeland immer sehr gut geschmeckt. Sie werden „Mac 'n' Cheese" sicher auch lieben, wenn Sie das ebenfalls in Nordamerika und Großbritannien verbreitete Gericht nicht sogar schon kennen. Die kleinen Makkaroni-Nudeln werden bei diesem Rezept mit einer Käsesoße vermischt – manchmal kommt auch noch Gemüse und/oder Speck dazu – und im Ofen mit Käse überbacken.

Wie Sie sicherlich bemerkt haben, ist die neuseeländische Küche, ähnlich der britischen und nordamerikanischen, nicht gerade diätgeeignet, sondern sehr fetthaltig und schwer. Aber denken Sie einfach ein paar Wochen nicht darüber nach und lassen Sie sich von den köstlichen Speisen verwöhnen.

Zu diesen leckeren, wenn auch nicht übermäßig gesunden, Gerichten zählen natürlich auch schmackhafte Burger. Diese gibt es in Neuseeland in allen möglichen Varianten. Im Sommer werden Burger dort gerne auf dem Grill zubereitet. Der wohl beste Burger-Laden Neuseelands befindet sich in Queenstown. „Fergburger" liegt im Zentrum der Stadt und ist bekannt für seine fantastischen Burger. Davon sollten Sie unbedingt einen probieren, wenn Sie in Queenstown sind. Das einzige Manko ist, dass vor „Fergburger" aufgrund der Berühmtheit und Beliebtheit des Ladens immer eine ziemlich lange Schlange ist. Sie müssen also einige Zeit fürs Anstehen einplanen, aber es lohnt sich.

Ein ganz besonderes Erlebnis ist es, bei der traditionellen Zubereitung des Maori-Gerichts „Hangi" dabei zu sein. Dazu wird zunächst ein Loch in die Erde gegraben. Dann wird ein großes Feuer in der Grube, die als „Umu" bezeichnet wird, angezündet. Dies dient dem Zweck die Steine zu erhitzen, die die Wärme speichern. Fleisch, Fisch und Gemüse, wie die in Neuseeland „Kumara" genannte Süßkartoffel, werden daraufhin in Flachsblätter gewickelt und in die „Umu" gelegt. Dort bleiben sie dann viele Stunden, manchmal sogar den ganzen Tag, bis sie verzehrt werden können. Durch den langen Kochprozess ist das Essen hinterher sehr schmackhaft und saftig und weist eine besondere rauchige und erdige Note auf. Aus der Zubereitung eines „Hangi" wird heute meist ein großes Fest abgehalten, bei dem die Wartezeit mit fröhlicher Stimmung, Alkohol-Genuss, Musik und Tanz gefüllt wird.

Alkohol ist in Neuseeland nicht ganz so selbstverständlich zugänglich wie in Deutschland. In den Innenstädten und an vielen Stränden herrscht ein Alkoholverbot, das Sie an den Schildern „Liquor ban area" erkennen. Dort dürfen Sie also auf keinen Fall, wie es in Deutschland ganz selbstverständlich erlaubt ist, ein Bier auf der Straße oder im Park trinken. Alkoholische Getränke werden nicht wie hier im Supermarkt oder an Kiosken verkauft, sondern nur in speziell dafür vorgesehenen „Liquor Stores". Außerdem ist Alkohol in Neuseeland wesentlich teurer, da er, genau wie Zigaretten, mit hohen Steuern belegt ist. Dennoch – oder vielleicht gerade deswegen – habe ich die neuseeländische Trinkkultur als sehr exzessiv erlebt. Die starke Regulierung des Zugangs zu Alkohol und die hohen Preise führen dazu, dass wenn auf Partys die Gastgebenden eine große Menge an Bier, Wein, Sekt und Schnaps zur Verfügung stellen, die Gäste dies als besondere

„Ausnahmesituation" wahrnehmen, weil sie es sich ja sonst nicht einfach so leisten können, so viel zu trinken, wie sie wollen. Daher wird dann meiner Erfahrung nach auf Festen, egal ob unter Freunden oder auch bei offiziellen Anlässen mit den Kollegen, in kurzer Zeit sehr viel Alkohol konsumiert.

Mit großer Wahrscheinlichkeit geht diese Form der Trinkkultur zudem auf die lange Zeit bestehenden Sperrstunden der Pubs zurück. Im Jahr 1917 trat in Neuseeland ein Gesetz in Kraft, das den Betreibern der Pubs vorschrieb, um 18 Uhr zu schließen und ab dieser Uhrzeit kein Alkohol mehr auszuschenken. Dies führte dazu, dass nach einem langen Arbeitstag statt nach Hause direkt in den Pub gegangen wurde, um dort in kurzer Zeit so viel Alkohol wie möglich zu trinken. Manchmal blieb den Neuseeländern nur eine Viertelstunde Zeit, bis die Kneipe schloss. Der so genannte „Six 'o Clock Swill" wurde Teil des neuseeländischen Lebensstils. Das Gesetz währte ganze fünfzig Jahre und wurde erst am 9. Oktober 1967 durch den Entscheid eines Referendums aufgehoben. Doch selbst wenn es die Regelung heute nicht mehr gibt, hat sie kulturell ihre Spuren hinterlassen. Und auch heute bleiben die Pubs an vielen

Orten immer noch „nur" bis 10 Uhr geöffnet, was im Vergleich zu anderen Ländern immer noch sehr kurz ist. Hier wäre es wohl schwer vorstellbar, eine prall mit Menschen gefüllte Kneipe, obwohl alle am Feiern und Spaß haben sind, plötzlich zu schließen und die ganzen Kunden vor die Tür zu setzen. Doch in Neuseeland wird das tatsächlich gemacht. Und die Leute sind daran gewöhnt, beziehungsweise kennen sie es oft gar nicht anders.

In Neuseeland wird auch eigener Wein angebaut und hergestellt sowie Bier gebraut, hauptsächlich der Sorte Lager. Die wichtigsten Gebiete, in denen Wein angebaut wird, sind die Ostküste der Nordinsel rund um Gisborne und Napier sowie der Norden der Südinsel um Blenheim und Nelson. In Blenheim hatte ich die Gelegenheit, ein Weingut mit seinen Weinbergen und dem Weinkeller zu besichtigen. Dort lernte ich die verschiedenen Produktionsschritte von der Ernte der Trauben über das Keltern, den Prozess des Gärens und das letztendliche Abfüllen in Flaschen kennen. Im Anschluss gab es eine kleine Weinprobe. In vielen Städten werden auch Brauerei-Touren angeboten, zum Beispiel in Dunedin bei „Speight's Brewery". In Dunedin können Sie sich auch den Kindheitstraum erfüllen, eine echte Schokoladenfabrik zu besichtigen. Bei „Cadbury" werden Sie durch die verschiedenen Etappen der Schokoladenproduktion geleitet und können am Ende auch jede Menge süße Köstlichkeiten probieren.

Wenn es etwas gesünder sein soll, müssen Sie in Neuseeland unbedingt die reichhaltige Auswahl an frischen exotischen Früchten auskosten. Viele Familien haben zum Beispiel riesige Mengen an Passionsfrüchten im Garten, die sie gar nicht alle selbst essen können. Deshalb stehen in kleineren Ortschaften am Straßenrand oft große Kisten gefüllt mit Maracujas und daneben meist eine kleine Dose, in die Sie das Geld einwerfen können – je nachdem, wie viel Sie sich mitnehmen. Ich habe die großen Mengen an Passionsfrüchten für kleines Geld in Neuseeland sehr genossen, wohingegen die Früchte in Deutschland als weit gereiste Luxusgüter schon pro Stück für hohe Preise verkauft werden. Ebenfalls nicht entgehen lassen sollten Sie sich eine andere besondere Frucht, die ich noch nie gegessen habe, bevor ich in Neuseeland war: die Feijoa. Feijoas sind außen grün und innen hell. Sie schmecken sehr lecker und sind ebenfalls auf Märkten, im Supermarkt und häufig am Straßenrand zu erwerben. In Neuseeland werden Feijoas auch oft zu Säften verarbeitet, ein wahrer Genuss.

Und zu guter Letzt: Die Torte „Pavlova" ist ein neuseeländisches Nationalgericht. „Pavlova" besteht aus Sahne und Baiser und ist mit regionalen und saisonalen Früchten gefüllt. Besonders an der Baiser-Masse ist, dass sie nur außen hart wird und innen durch die Zugabe von Essig oder Zitronensaft schön weich und cremig bleibt. Die Süßspeise ist nach der russischen Balletttänzerin Anna Pavlova benannt, die 1920 Gastauftritte in Neuseeland hatte. Das Aussehen der Torte soll dem Tutu von Anna Pavlova ähneln. Sieben Jahre nach ihren Auftritten, im Jahr 1927, erschien in Neuseeland das erste Rezept für die beliebte Sahnetorte. Auch Australien sieht Pavlova als eine eigene Nationalspeise an. Beide Länder wollen die Torte jeweils für sich beanspruchen, jedoch führt das „Oxford English Dictionary" Neuseeland als Ursprungsort an. So oder so, ein Stück von dieser besonderen Torte sollten Sie sich nicht entgehen lassen.

BESONDERE SOUVENIRS

Wenn Sie sich aus Neuseeland ein ganz besonderes Andenken mitnehmen möchten, dann sollten Sie unbedingt in Nelson an einem „Bone Crafting"-Workshop teilnehmen. Dort lernen Sie besondere Techniken und erhalten Tipps und Tricks, wie Sie mit dem vorhandenen Material ein schönes und einzigartiges Souvenir wie eine Kette oder einen Ring nach Maori-Vorbild anfertigen können. Die Schmuckstücke der Maori sind verschnörkelt geformte Zeichen, die verschiedene Bedeutungen haben. In ihnen stecken Kultur, Geschichte, Tradition und spiritueller Glaube.

Viele der Zeichen der Maori sind an die Natur angelehnt. Beispielsweise verkörpert das „Koru" (eine nach innen gedrehte Spirale) den noch nicht entfalteten Silberfarn. Die Form symbolisiert neues Leben, das Wachsen der Natur und einen neuen Anfang. In spiritueller Hinsicht steht der Koru für Ruhe, Reinheit, Weiterentwicklung des eigenen Charakters, Aufwachen und positive Veränderung. Wenn Sie sich gerade in einer Lebensphase des Wandels befinden, wäre das Schleifen eines Korus für Sie genau das Richtige. Außerdem ist das Zeichen für Anfänger nicht allzu schwer anzufertigen.

Ein weiteres Zeichen ist „Tiki". Es ist ein Polynesisches Symbol, das einem Menschen gleicht. Der Legende nach hielt „Tiki" sich für den ersten Menschen auf der Erde, der von den Sternen kam. Er schuf die erste Frau nach seinem Abbild. Das Maori-Zeichen des „Tiki" symbolisiert Fruchtbarkeit und die Geburt eines Kindes. Als Kette gilt es als Glücksbringer und Beschützer gegen böse Kräfte. Für Maori ist der „Tiki" zudem ein Tribut an ihre Polynesischen Vorfahren. Man sagt, dass einem Tiki der Geist des vorherigen Trägers innewohnt. Dadurch soll bei den Maori das Wissen, die Spiritualität und die Kraft der Vorfahren an die nächste Generation weitergegeben werden. Wer ein Tiki trägt, dem wird innere Balance, Stärke, Weisheit und ein klarer Geist zugeschrieben. Die Person gilt als Denker, weise und loyal. Wenn Sie sich in dieser Beschreibung wiederfinden oder gerne mehr von diesen Stärken hätten, dann schleifen Sie sich doch ein Tiki-Halsband. Aber planen Sie sich dafür lieber ein bisschen mehr Zeit ein, denn es ist nicht ganz einfach, das Tiki-Zeichen anzufertigen.

Das „Hei Matau" oder „Fish Hook"-Zeichen, das, wie der Name schon sagt, an einen Angelhaken erinnert, finde ich persönlich besonders schön. Es symbolisiert Wohlstand, Glück, Erfüllung, Gesundheit und Sicherheit bei der Überquerung von Gewässern. Vor ungefähr tausend Jahren, als die Maori in Neuseeland ankamen, lebten sie hauptsächlich von dem Fisch, den sie im Meer fingen. Da das Fischen wichtig für ihr Überleben war, ist der Angelhaken nicht nur ein essentielles Werkzeug, sondern gleichzeitig ein Symbol des Überlebens. Es etablierte sich als Zeichen des Wohlstands, Glücks und Ansehens. Als Halskette soll das Hei Matau Verluste verhindern. Es gibt verschiedene Varianten des Zeichens mit einem einfachen oder doppelten Zacken.

Das mehrfach geschwungene Zeichen der Maori heißt „Pikorua". Das länglich eingedrehte Symbol steht für die Verbindung zwischen zwei Menschen. Es kann sowohl auf Liebe und Freundschaft als auch auf die Familie bezogen sein. Eine weitere Bedeutung des Pikorua ist der Weg des Lebens bis hin zur Unendlichkeit. Es zeigt die Unzertrennlichkeit zweier Menschen, deren Verbindung nie gelöst werden wird, selbst wenn sie für längere Zeit voneinander getrennt sind. Die sich auftrennenden und wieder zusammenlaufenden Stränge des Pikorua symbolisieren, dass die beiden Menschen immer wieder zueinander finden werden, egal was passiert. Daher eignet sich das Zeichen besonders gut, um es geliebten Menschen als Geschenk aus Neuseeland mitzubringen.

Inklusive Material kostet ein ganztägiger „Bone Carving Workshop" 79 NZ-Dollar. Der Workshop beginnt normalerweise um 9:30 Uhr in der Green Street 87 in Nelson in der Nähe des sonnigen Tahuna Beach. Wer mag, kann sich auch von den Betreibern abholen lassen. Wenn Ihnen eine solche Arbeit nicht liegt oder Sie dort nicht so viel Zeit einplanen wollen, können Sie in dem angegliederten Laden auch bereits fertige hübsche Andenken erwerben. Dort gibt es die Symbole auch als Halsketten aus grünem Jade-Stein.

Jade, auch Pounamu oder Greenstone genannt, ist typisch für Neuseeland. Der Stein ist dort heimisch und lässt sich in unscheinbarer Form in Flüssen finden. Halten Sie also Ausschau, wenn Sie an einem Flussbett an der Westküste der Südinsel unterwegs sind – vielleicht sind die von Ihnen gesammelten Steine von innen überraschend grün und leuchtend. Die Farbpalette der Pounamu reicht von hellgrün bis zu einem dunklen Smaragdgrün und auch die Maserungen können sehr unterschiedlich und individuell sein. Sie unterscheiden sich je nach Fluss, in dem sie gefunden wurden. Die Maori maßen dem Greenstone so eine hohe Bedeutung zu, dass sogar die Südinsel danach benannt ist. Denn Te-Wai-Pounamu heißt übersetzt: „Die Gewässer des grünen Steins". Pounamu wurde von den Maori nicht nur zu Schmuckstücken verarbeitet, sondern eignete sich auch gut für Werkzeuge. Jade-Steine sind in Souvenir-Läden in allen möglichen Formen erhältlich und eignen sich sehr gut als Andenken an die Neuseeland-Reise oder als Mitbringsel bzw. Geschenk für Freunde und Familie.

Sehr schöne Souvenirs sind auch die metallisch glänzenden Schalen der Paua-Muscheln. Die leuchtenden Farben reichen von Violett über Hellblau bis hin zu Türkis und verschmelzen zu einem unglaublichen Ensemble. Die bunten Muschelschalen eignen sich zum Beispiel als Seifenschalen oder auch einfach als hübsche Dekoration. Mit etwas Glück können Sie sie am Strand finden. Sie sind aber auch in Souvenirläden zu kaufen. Dann sind sie meistens auch schon so poliert und behandelt, dass sie schön glänzen. Teile der Paua-Muscheln werden auch häufig als Elemente in Schmuck integriert, was, wenn es gut gemacht wurde, sehr schön aussehen kann. Die Paua werden übrigens auch zum Essen in Restaurants serviert.

Ein besonderer Stein, den Sie in Neuseeland finden können, ist der „Pumice". Der Vulkanstein ist sehr leicht für einen Stein und ähnelt äußerlich einem Schwamm. Er entsteht unter extremer Hitze aus Blasen der Lava, die sich später verhärten. In Neuseeland ist er vor allem an der Nord- und Westküste vorhanden. Der poröse Stein kann vielfältig genutzt werden. Er wurde in der frühen Medizin zu Pulver verarbeitet und wird noch heute in der Beauty-Branche zum Beispiel zum Entfernen von Hornhaut verwendet. Diese Anwendung funktioniert natürlich auch privat nach einer gründlichen Reinigung des Bimssteins. Außerdem fungiert „Pumice" als Schleifstein. Im privaten Gebrauch können Sie damit Bleistifte anspitzen. Wenn Sie bei Jeans den Used-Style mögen, können Sie Pumice auch zum Auswaschen von Jeans benutzen, wie es in der Industrie getan wird. Die frühen Buchbinder nutzten den Bimsstein zur Vorbereitung von Pergamentpapier und Leder-Bindungen. Auch zum Filtern von Wasser ist der Vulkanstein sehr beliebt. Ein sehr vielseitiger Stein, der ein außergewöhnliches und praktisches Andenken sein kann.

In Wanganui befindet sich Neuseelands nationales Zentrum für die Kunst des Glasblasens. Wenn Sie Ihren Freunden zu Hause ein ganz besonderes Geschenk mitbringen wollen, können Sie dort einen Workshop besuchen. Dann müssen Sie bloß sehr vorsichtig beim Rücktransport sein und die Mitbringsel gut einpacken, denn Glas ist bekanntlich sehr zerbrechlich. Bei einem Besuch der Galerie „Te Whare Tuhua o Te Ao" konnte ich die dort ausgestellten Glasobjekte betrachten. Ich war begeistert von den vielfältigen Formen und bunten Farben, die dort entstehen. Beim Glasblasen wird das Glas zunächst durch extreme Hitze zu einer weichen, formbaren Masse gewandelt. Durch ein Rohr wird Luft in die Mitte der Masse geblasen, wodurch das Glas geformt werden kann. Übrigens wurde die Glasbläserei ursprünglich von syrischen Handwerken in den Regionen Sideon, Aleppo, Hama und Palmyra im 1. Jahrhundert vor Christus erfunden, wo die geblasenen Gefäße für täglichen und luxuriösen Gebrauch kommerziell produziert und in alle Teile des

Römischen Imperiums exportiert wurden. Die aufregende, kreative und interaktive Glasfabrik in Wanganui gibt jedem, egal ob Anfänger oder Profi, die Chance, sich künstlerisch zu betätigen, das Handwerk der Glasherstellung kennenzulernen, tolle Kunstwerke oder schöne und praktische Gebrauchsgegenstände zu kreieren und diese als Souvenir mitzunehmen.

Wenn Sie ganz mutig mitten im Reise- und Abenteuerfieber sind oder eigentlich schon längere Zeit darüber nachgedacht haben, Ihre Haut mit Tätowierungen verzieren zu lassen, dann ist Neuseeland genau der richtige Ort dafür. Bei den Maori haben Tattoos mit breiten Linien und klaren Mustern eine lange Tradition. Besonders ist, dass dort auch oder vor allem die Gesichter tätowiert werden. Die permanenten heiligen Markierungen auf der Haut werden in Neuseeland als „Ta mo-ko" bezeichnet. Die Tätowierer, genannt „Tohunga-ta-moko" werden als unantastbar und heilig („tapu") betrachtet. Schon James Cook war fasziniert von der Eleganz der filigranen Gesichtsbemalungen.

Bevor die Europäer nach Neuseeland kamen, waren die Gesichtstätowierungen sehr verbreitet und ein Ausdruck von hohem sozialen Status. Das Ritual der Tätowierung bildete einen wichtigen Meilenstein und Übergangsritus an der Schwelle von der Kindheit zur Erwachsenendasein. Wer ein „Moko" trägt, gilt als attraktiver. Traditionell erstreckt sich das „Moko" bei Männern über das ganze Gesicht, zudem werden Gesäß und Oberschenkel tätowiert, wohingegen Frauen die Lippen und das Kinn tätowiert bekommen. Manchmal werden auch der Rücken, der Nacken, die Oberarme, der Bauch und die Waden tätowiert.

Dazu wird eine besondere Technik verwendet, bei der mit Schabern und Kratzern, die aus den Knochen von Albatrossen oder Zähnen hergestellt werden, die Haut aufgeritzt wird und die Pigmente auf die Risse in der Haut aufgetragen werden. Das soll wohl ziemlich schmerzhaft sein, das Ertragen des Schmerzes ist jedoch Teil des Rituals. Die Farben werden aus Fischöl, den Extrakten bestimmter Pilzsorten namens „Cordyceps Robertsii" und „Ngaheru", also verkohltem Holz, gewonnen. In einem kleinen Kästchen, das „Oko" genannt wird, wurden und werden die Pigmente aufbewahrt und in den Familien von Generation zu Generation weitergegeben. Das

„Moko" bildet eine Art Codierung, die Aussagen über die Herkunft, Identität, Wissen, Fähigkeiten, familiären Status (zum Beispiel, ob jemand verheiratet ist) und den sozialen Rang seines Trägers oder seiner Trägerin zulässt. Auch mir sind in Neuseeland viele Maori begegnet, die im Gesicht tätowiert waren und ihr „Moko" mit Stolz getragen haben. Einige von ihnen erzählten mir ausführlich und mit Enthusiasmus, welche Bedeutungen die verschiedenen Muster in ihren Gesichtern jeweils trugen.

Das Symbol, das eine Welle abbildet, steht für den Ozean. Das Meer ist ein wichtiger Teil der Maori-Kultur. Die Welle symbolisiert die guten und die schlechten Zeiten, also das Auf und Ab, das ein Mensch im Leben zu durchlaufen hat, mit all seinen Schwierigkeiten und Problemen, aber auch Glücksmomenten und Erfolgen.

Ein weiteres Zeichen ist die Eidechse. Geckos und Echsen gelten als Glücksbringer und sollen mit ihrer Macht eine Verbindung zwischen Menschen und Gottheiten herstellen. Dann gibt es noch ein kreuzförmiges Muster, vergleichbar mit der Form einer Schildkröte. Es steht für die Ausgeglichenheit der Elemente und damit einhergehend Harmonie.

Schildkröten gelten bei den Maori als mystische, heilige Wesen und stehen für Frieden, Fruchtbarkeit und ein langes Leben. Schildkrötenpanzer sind ebenfalls verbreitete Motive.

Ein anderer Talisman, der als „Moko" in die Haut graviert wird und Glück bringen soll, ist das „Hei Tiki Ornament". Es symbolisiert Fruchtbarkeit, Loyalität, Stärke und Wissen. Im Inneren des Kreises der „Hei Tiki" ist eine Figur mit weit geöffnetem Mund und großen Augen zu sehen. Den Angelhaken „Hei Matau" kennen Sie bereits von den Anhängern der Halsketten. Er steht auch als Tattoo für Kraft, Glück und eine sichere Überquerung von Gewässern.

Stärke und Durchsetzungskraft werden bei „Mokos" durch Mantarochen symbolisiert. Sie wurden häufig von erfolgreichen Maori-Kriegern getragen, meist auf dem Rücken. Außerdem werden Hai-Zähne und Speerspitzen in die Tattoos der Maoris eingearbeitet. Mehrere Dreiecke in einer Reihe stellen bei einem Muster Hai-Zähne dar. Sie repräsentieren Schutz, Stärke und Führung. Ineinandergeschobene Speerspitzen stehen für den Kampfgeist der Maori-Krieger. Auch das als Amulett verbreitete Koru-Zeichen wird in Tattoos eingebettet. Das spiralförmige Muster steht auch hier symbolisch für Harmonie und einen Neuanfang.

Da Tattoos in Neuseeland so ein großer Teil der Kultur sind, gibt es dort zahlreiche Tattoo-Studios, in denen alle möglichen Motive zur Auswahl stehen und natürlich auch eigene Ideen gerne umgesetzt werden. Selbstverständlich muss die Entscheidung für ein Tattoo gut überlegt sein, da es Sie ein Leben lang begleitet. Vielleicht haben Sie ja auch bereits einige Tattoos und freuen sich, wenn in Neuseeland ein weiteres dazu kommt und als besondere Erinnerung an die Reise Ihren Körper verschönert. Sich als Tourist selbst ein „Moko" im Gesicht tätowieren zu lassen, wird allerdings nicht von allen Maori so gerne gesehen, da es in ihrer Kultur als heiliges Statussymbol gilt. Der britische Pop-Musiker Robbie Williams hat sich zum Beispiel ein „Moko" auf den Arm tätowieren lassen und erntete dafür von manchen Seiten heftige Kritik. Wenn Sie sicher gehen wollen, niemandem auf den Fuß zu treten, dann greifen Sie lieber nicht auf eines der heiligen Moko-Motive zurück, sondern wählen lieber ein Motiv, das vielleicht nur an die Maori-Muster angelehnt ist. Den meisten Touristen, die ich kennengelernt habe, wäre ein Tattoo im Gesicht sowieso etwas zu extrem gewesen, aber das ist bekanntlich Geschmackssache und auch abhängig von dem sozialen Umfeld, in dem wir uns bewegen.

Auch die besondere Kratz- und Schabtechnik der traditionellen Tattoos der Maori würde ich Ihnen nicht unbedingt empfehlen, da die Haut danach narbig und porös ist. Fast alle Tattoo-Studios in Neuseeland bieten auch die in Europa verbreitet Technik, die durch kleine Punkte und Striche mit einer Nadel unter die Haut aufgetragen wird und bei welcher die Haut im Gegensatz zur Maori-Variante glatt bleibt. Wenn Muster aus der Maori-Kultur aus ästhetischen Gründen in andere Kontexte eingebettet werden, wird das „Kirituhi" genannt, ist von vielen Neuseeländern akzeptiert und wird von ihnen selbst gern in Form von Tattoos in Anspruch genommen, auch von denen, die keine Maori Wurzeln haben. Lassen Sie sich inspirieren.

Sie sind nun top informiert und einem fantastischen Urlaub in Neuseeland steht nichts mehr im Wege.

Herstellung und Verlag:
BoD – Books on Demand, Norderstedt
ISBN: 9783751973458

1. Auflage
Kontakt: Psiana eCom UG/ Berumer Str. 44/ 26844 Jemgum
Covergestaltung: Fenna Larsson
Coverfoto: depositphotos.com